小學生的
煩惱❷

如何
從低潮
重新振作？

復原力

監修／**小玉正博** 埼玉學園大學研究所教授

漫畫／**Kiriko**　翻譯／**吳嘉芳**

U0004410

前言

大家好，我是一隻獅子，英文名字叫做「Heart」，也就是「心」的意思，負責引領你閱讀這本書，以及統整每個單元的學習重點。

任何人都有失敗、覺得丟臉或感到痛苦的時候，但是大家面對這些情況的態度不盡相同，像是有人就算遇到一點小事也會立刻崩潰，無法重新振作，而有人明明歷經極大的痛苦，卻憑著一己之力恢復正常。兩者的差別就在於「復原力」素質。

「復原力」是指一個人遇到困難時，即使內心受傷了，仍可以自我修復的力量。有了復原力，就能從低潮中重新振作，繼續往前進。

復原力與正面思考有些許不同，前者是遇到挫折或低潮也不會氣餒，後者則是碰到任何事情都能夠積極面對。

復原力是每個人都擁有的內心力量，強度雖因人而異，卻可以透過培養，加快修復內心的速度。幫助提升復原力的四大要素為「冷靜面對」、「彈性思考」、「肯定自我」，以及「樂觀積極」。具體而言，包括用不同角度看事情、重視自己的想法、坦然接受挫折、擺脫負面情緒等。透過各種經驗的累積，慢慢增強自我修復的能力。

本書列舉許多你在日常生活中，容易遇到的各種丟臉、痛苦、焦慮的情境，並以漫畫和文字說明該如何思考及採取行動，才不會感到沮喪氣餒，成功克服難題。日後當你碰到相同的情況時，別忘了把書中的方法拿來參考喔！

請利用這本書培養你的「復原力」，盡情享受每一天！

目錄

真央

大家好，我的興趣是看書和彈鋼琴，望著窗外的時候讓我感到特別幸福。朋友都說我是內向的人。

我們請出現在書中的六位人物自我介紹吧！

蒼汰

嗨！我喜歡各種運動，因為看到哥哥踢足球的樣子很帥氣，所以我最近也開始練習足球了。和體育有關的事情就包在我身上！

真央的媽媽

大家好，我是真央的媽媽美里，請多多指教。

理久

大家好，我喜歡靜態的活動，最近迷上烹飪和下棋。我不擅長運動，但是我想和蒼汰一樣成功跳過跳箱。

班導師

大家好，我是真央、蒼汰、理久和花奈的班導師吉村。

花奈

哈囉！我在學校擔任播音員，在午休時間播放好聽的音樂是我的興趣。我也喜歡運動，目前正在學習游泳。

本書使用方法

這本書利用漫畫和文字說明，介紹日常生活和學校生活中常遇到的情境與解決方法。你可以按照章節順序閱讀，也可以從感興趣的部分開始讀起！

● **方法說明**

詳細解說如何運用各種方法提升復原力。

● **情境舉例**

以學校常發生的各種場景為例，並提供重新振作的方法。

● **重點整理**

獅子Heart替大家複習漫畫中發生的情況，並歸納出重點。

● **漫畫呈現**

藉由漫畫演繹書中主角處理問題的過程，了解採用提升復原力四大要素後的結果。

一起培養遇到挫折也不會氣餒的強大內心！

第 **1** 章

什麼是復原力？

使自己在遇到討厭或痛苦的事情時可以重新振作的內心力量，就是「復原力」！

「復原力」是可以使人重新振作的內心力量

遇到痛苦的事,你會選擇逃避,還是勇敢面對呢?

音樂課

請各位同學輪流唱歌。

下一位是理久,請唱。

好……

撲通 撲通

櫻花～

啊!走音了!

哇哈哈

嘻嘻 哈哈

了解復原力①

遇到不如意的情況時，內心通常都會感到十分沮喪，例如明明非常努力準備考試，成績卻不理想，或者視為好友的人卻在背地裡說你的壞話等。不過，人就算碰上低潮或挫折，仍然有能力克服，因為我們的內心擁有面對一切壞事並重新振作的力量，這種強大的能量就稱作「復原力」。

試著想像復原力發揮作用的過程

成為眾矢之的	被陌生人騷擾
朋友說你的壞話	心愛的寵物過世
在同學面前被老師訓斥	搞砸重要的考試

受挫　　　沮喪
憂鬱　　　崩潰
情緒低落

冷靜下來　　拿出幹勁
樂觀面對　　正面思考
繼續努力　　咬牙忍耐
克服困難

重新振作的力量
＝復原力

復原力的運作因人而異

發生討厭的事情時,每個人都會用各種方法重新振作,例如轉移注意力、咬牙忍耐、拚命克服問題、一笑置之、向別人訴苦等。

復原力的程度因人而異

遇到壞事時,每個人重新振作的速度也不盡相同。有些人會變得非常沮喪,遲遲無法恢復心情,有些人卻不會氣餒,馬上就能面對挑戰。

每個人都擁有復原力

復原力是每個人都擁有的內心力量。請試著回想過去你遇到壞事或感到痛苦時,重新振作的經驗,即使是微不足道的小事也可以。

重新振作的經驗會使人成長

從低潮重新站起來的經驗可以讓人成長。請試著回想你到目前為止,成功克服困難或壓力的經歷。

提升復原力的四大要素

復原力並非特定人才擁有的神奇超能力，而是每個人天生都具備，並可以從後天加強的能量。以下是有助於提升復原力的四大要素。

🐾 冷靜面對

冷靜觀察事情的全貌

遇到任何事都能冷靜思考的人比較不怕失敗，並可以持續面對挑戰。時常因一點小事患得患失，容易消耗內心的能量，降低你對挫折的忍耐度。因此，練習「隨時保持冷靜」能夠有效增強復原力。

彈性思考

靈活思考達成目標的各種方法

諺語「條條大路通羅馬」的意思是,抵達目的地的路徑並不是只有一條。把這句話套用在現實生活中,就是當你朝目標前進時,要依照實際情況選擇不同的解決方案,讓想法保持彈性,即使眼前的道路受到阻礙也不會驚慌失措,並找到新的路線繼續前進。

肯定自我

相信自己做得到

沒有成功經驗或沒有自信的人，遇到困難很容易感到氣餒。相反的，有了信心之後，就能積極行動，提高獲得正面結果的機率。一般認為有實力的人都很有自信，其實應該是有了自信之後，才能發揮個人的潛力。想擁有自信，請先認同自己。你可以先把目標分成幾個階段，然後從最簡單的項目逐步完成。

樂觀積極

努力克服問題

發生問題時，如果一味覺得肯定會失敗，就無法澈底發揮應有的實力。相反的，只要相信自己絕對可以克服，就會拚命擺脫困境。總而言之，即使遇到再痛苦的事情，只要秉持樂觀的精神，獲得好結果的機會就能大幅提升。

就算碰到痛苦的事情也要樂觀面對！

只要拚命努力就能克服難關！

練習提升復原力

　　每個人的復原力素質都不同，有些人就算遇到猶如天塌下來的大事，還是能夠立刻振作，有些人則因為雞毛蒜皮的小事就感到非常崩潰。造成如此差異的原因有很多，包括自身個性、生長環境、人際關係等。不過，其實復原力是可以透過後天補強的。現在就藉由以下各種練習，提升你內心的力量吧！

練習冷靜面對

- 在特定時間內專注做某件事。
- 檢視自己面對問題的態度。
- 審視自己是否容易情緒激動。
- 記錄自己現在的狀態。

無論是自身的問題，還是突如其來的意外，都必須冷靜面對。

冷靜面對問題才不容易慌了手腳！

練習彈性思考

- 擬定達成目標的各種計畫。
- 實現目標要從簡單的項目做起。
- 了解自己能力所及的範圍，做不到時，要鼓起勇氣改變方向。
- 別凡事都想獨自解決，可以適時依賴可靠的人。

透過「山不轉路轉，路不轉人轉」這句俗語，可以發現解決問題或達成目標有很多方法，切勿被自己的想法侷限。

練習肯定自我

- 告訴親朋好友自己想成為的模樣。
- 找出自身的優點，並肯定自己。
- 坦然接受盡了最大努力的自己。

並非只有達成遠大目標的人才擁有自信，只要一步步朝著設定的方向前進，就可以在過程中逐漸累積信心。

練習樂觀積極

- 遭遇困境時，盡量以正面的心態來面對。
- 別只想著一定會失敗，而是思考該如何解決問題。
- 一件事不能單看壞的一面，也要發掘好的一面。

平常遇到問題時，就要養成正面思考的習慣。即使最後仍舊無法成功，也要秉持「下次一定會更好」的想法，繼續尋找最佳的解決方案。

冷靜面對

等等，我先靜下心來思考⋯⋯

其實不是只有我一個人唱歌特別難聽。

也有人唱得很小聲。

‧‧‧‧‧‧‧

彈性思考

雖然我唱得不好，但我很會吹直笛！

更何況，唱歌只是音樂的一小部分而已呀！

檢視你的復原力素質

請以「是」或「否」回答以下問題。只要計算你回答了幾次「是」，就能了解你的復原力素質。

請在符合你自己的選項裡打勾

我有非常關心我的人

是 ☐　否 ☐

我有崇拜的人或想要模仿的對象

是 ☐　否 ☐

遇到問題時，我的身邊有值得信賴的人

是 ☐　否 ☐

我對大家一視同仁

是 ☐　否 ☐

我認為自己比大多數人更有能力

是 ☐　否 ☐

我覺得碰到各種突發狀況很有趣	我在任何場合都可以做自己	我待人親切
是 □　否 □	是 □　否 □	是 □　否 □

事情進行得不順利時，我會思考別的方法	我屬於正面思考的人	我認為即使再棘手的事，也會有辦法解決
是 □　否 □	是 □　否 □	是 □　否 □

失敗時，我會盡量不陷入沮喪的情緒裡	面對困難時，我能冷靜處理	我能體諒、理解別人的感受
是 □　否 □	是 □　否 □	是 □　否 □

你的復原力素質如何？

回答「是」的次數
為8～11次

類型

B

你的復原力為平均值。請利用本書提升復原力，培養日後遇到任何困難都可以沉著應對的能力。

回答「是」的次數
超過12次

類型

A

你的復原力非常優秀。請利用本書深入了解復原力，繼續保持強大的內心。

接下來會利用四個章節介紹各種惱人的情境，並說明如何克服難題。請仔細閱讀，藉此培養你的復原力。

回答「是」的次數
少於7次

類型

C

你的復原力低於平均值。你是否經常感到挫折呢？請利用本書培養復原力，試著從能力所及的部分開始挑戰。

第 2 章

冷靜面對

請試著冷靜觀察令你感到悲傷或痛苦的事情，或許就能看到先前從未發現的細節，從中找到解決方法喔！

你是否對於許多事情感到患得患失？

覺得自己被朋友討厭時

向對方打招呼被忽視時，會感到非常沮喪吧？請試著冷靜思考導致情況發生的各種可能性。

覺得自己被朋友討厭而感到沮喪的理久應該怎麼做呢？

不要把所有事都往壞處想

人對於突發狀況會下意識認為是不好的，是因為平時已經養成把事情往壞處想的習慣。

我是不是被討厭了？

我被忽視了？

不要過度解讀別人說的話

過度解讀別人說的話，只會讓自己因為毫無根據的猜測，而感到越來越焦慮。

他是不是不喜歡和我一起玩？

今天不行啦！

用不同角度看待同一件事

很多事情都是一體兩面的，因此有時候只要從另一個角度看待，心情就會豁然開朗。

那就下次再一起玩吧！

 「正面思考」與「負面思考」

因朋友不經意的一句話而不停鑽牛角尖，將自己的處境想得很糟糕，就稱為「負面思考」。相反的，凡事都往好處想的行為稱作「正面思考」。一般而言，正面思考的人碰到問題時，比較不會輕易放棄。

我要停止往壞處想！

早上他可能沒聽到我的問候，

放學後他可能能有事情要處理。

明天再找他一起玩吧！

沒錯，一定不是因為討厭我的關係！

如果你是容易產生負面想法的人，可以先試著坦然接受自己的思考習慣，再慢慢找尋改善的方法，盡量避免持續深陷在壞情緒裡。

重點整理

不斷在同一個地方出錯時

一直犯下相同的錯誤時，會覺得非常喪氣吧？請試著從失敗中找出問題，並努力克服。

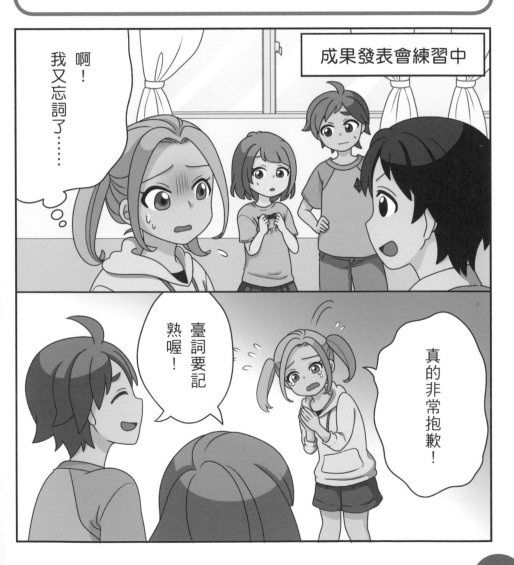

頻頻忘詞而覺得喪氣的花奈應該怎麼做呢？

克服失敗的方法

肯定自我

昨天沒有成功不代表今天也會失敗，因此挑戰之前，先肯定自己，而非預設最壞的結果。

從失敗中學習

回顧事情發生的當下，找出失敗的原因，就能提高避免重蹈覆轍的機會。

改變思考習慣

採取行動前就認定會失敗是一種負面思考的習慣，只要轉換念頭，就能平復心情。

全力以赴

成績並不是只分成 0 分和 100 分，只要在能力範圍內做到最好，就是完美的成果。

下意識認為可能會失敗是我的壞習慣！

昨天是昨天，今天是今天，這次一定沒問題的！

我已經理解那句臺詞的意思了。

現在只要一字不漏的背出來就沒問題了！

花奈，你今天沒有忘詞呢！做得很好喔！

謝謝！

當你有過失敗的經驗，之後面對挑戰時，就容易產生「這次又會搞砸」的想法。這時，別要求立刻做到盡善盡美，而是抱持「因為失敗，我才有進步的空間」的正面態度，坦然接受目前的成果。

重點整理

經常忘東忘西時

連續好幾天都忘記帶東西時，會覺得自己很糟糕而感到沮喪吧？請試著透過書寫記錄來改善這種情況。

改善健忘的方法

寫日記

請把當天發生的事情、腦中的想法等內容記錄下來，利用寫日記來客觀審視每天的生活。

今天忘記帶東西了。

下午上了游泳課。

記錄原因和解決方法

通常一個人透過具體的文字比較容易釐清思緒。因此犯錯的時候，不僅要思考原因和解決方法，還要試著寫下來。

仔細聆聽。

寫筆記。

不要操之過急

別試圖一次解決問題，先從你做得到的事情開始改善，只要感受到自己的進步，就會產生持續下去的動力。

今天有記得帶作業！

之後要繼續保持！

寫日記的效果

只要把當下的情況記錄下來，日後重新翻閱時，就可以客觀檢視事情的經過和自身的看法，藉此釐清犯錯的原因，並找到改善的方式。

對了，試著把我經常忘東忘西的原因寫下來吧！

每天都匆匆忙忙的去上學。

沒有仔細聆聽老師說的話。

改善的方法是——首先，在課堂上保持專注。

寫寫

接著，把要帶的東西寫在聯絡簿上，並在睡前檢查是否已經放進書包。

最後，要養成早睡早起的習慣。

這樣就不會再忘東忘西了!

寫下來之後,才發現有好多必須改善的事情喔!

趕快在睡覺前把該帶的東西放進書包吧!

明天一定會很順利的!

請試著養成每天寫日記的習慣,透過文字審視自己,避免重複犯下一樣的錯誤。除此之外,把該做的事情寫下來,並貼在顯眼的地方,可以降低發生忘東忘西的情況喔!

重點整理

鋼琴發表會即將來臨時

在運動會或才藝發表會等重大場合前夕，會不自覺感到焦慮吧？請試著找回平常心，發揮原有的實力。

鋼琴發表會前夕感到十分焦慮的真央應該怎麼做呢？

找回平常心的方法

恢復冷靜

找回平常心最重要的一點就是要先恢復冷靜。覺得焦躁不安時,可以試著閉上眼睛並深呼吸,屏除內心的雜念。

轉移注意力

從焦慮中抽離的最好方法就是把注意力轉移到其他事物上,例如閱讀課外讀物、聽音樂、和朋友聊天等。

把注意力放在餐點上

人們通常對美食無法招架。只要品嘗佳餚,並仔細觀察餐點的顏色、形狀、溫度或口感,就能逐漸忘卻煩惱。

專心走路

專心走路可以幫助平復情緒。訣竅是每走一步就注意腳底,把注意力集中在雙腳接觸與離開地面時的感覺。

湯裡面高麗菜和胡蘿蔔。

還加了玉米粒，而且也有番茄的味道。

把注意力集中在吃飯上，就不會感到緊張了！

心情逐漸平靜下來了！

把注意力集中在眼前的事物，可以放鬆心情，舒緩緊繃的身體。當你覺得緊張時，試著享受當下正在做的事情，慢慢消除心中的雜念。

重點整理

無法預測地震何時來襲時

面對未知的事物或無法事先防止的災難，會忍不住感到不安吧？請透過冷靜判斷來緩解焦慮。

因無法預測地震何時發生而感到不安的真央應該怎麼做呢？

思考「可以做什麼」與「無法做什麼」

對某個情況感到焦慮時，先冷靜想一想自己可以做到的事情與無法克服的問題。

做好能力所及的事情

有些事光靠自己的力量是辦不到的，請從可以獨力完成的工作開始執行，並盡力做到最好。

放棄無法解決的問題

並非所有問題都有解方，要是碰到沒辦法克服的困難，請試著果斷放棄。

 想太多會更焦慮

人面對無法掌控的事物，很容易感到焦慮。不過，只要先把能做的事盡力完成，就可以稍微平復心情，勇敢接受更艱難的挑戰。

目前的科技尚無法預測何時會發生地震。因此，我們只能盡力做好防災措施，把傷害降到最低。成天擔心無法解決的問題，不僅容易產生焦慮，也會影響生活作息喔！

重點整理

「復原力」名言①

我沒有失敗，
只是發現了一萬種行不通的方法。

I have not failed.
I've just found 10,000 ways that won't work.

──發明家 湯瑪斯・愛迪生
（1847～1931年／美國）

　　人稱「發明大王」的愛迪生因發明了可以長時間照明的白熾燈泡聞名於世。當時燈泡的壽命只有約莫短短45小時，經愛迪生努力不懈的改良，燈泡可使用的時間逐漸延長至2,400小時。

　　事實上，發明是一連串失敗的結果。愛迪生在改良燈泡的過程中受挫近千次，可是他不灰心，而且認為這些挫折並非徒勞無功，因為他找出了燈泡不會發亮的原因。「就算失敗也不輕易放棄」就是愛迪生教會我們的事。

你是否經常認為事情
的答案只有一個，而
且找到解答的做法也
只有一種？

第 3 章

彈性思考

算術題一定有正確答案，然而世上
有許多事通常都沒有確切的解答，
就算有，也未必只有一個，而且找
到答案的方法也有很多種。

事情無法照計畫進行時

因突發狀況導致事情無法按計畫進行時，會覺得十分失望吧？請試著思考其他替代方案來化解窘境。

因游泳池未開放而感到失望的蒼汰應該怎麼做呢？

想想能否更改時間

原本計畫好的事情突然無法執行時，不妨想一想能否更改時間或日期。

思考替代方案

若沒有其他適合的日子，就思考另一種可行的方案，並忘掉原本的計畫，重新調整心情。

事先安排備案

為了能夠冷靜的面對被迫取消計畫的窘境，必須先想好幾個可行的備用方案。

🐾 **條條大路通羅馬** 🐾

即使努力朝計畫好的道路前進，仍然可能因中途受到阻礙而被迫放棄。遇到這種情況時，請坦然接受，並思考其他可以達成目標的路徑。

不如我們下週再游泳，今天先去公園玩吧？

除了公園之外，也可以去新開的圖書館。

我覺得去公園玩的提議不錯！

太好了！

以後我們可以先多想幾個想做的事情當備案。

蒼汰也一起想想看吧！

沒問題！

原本期待的計畫因為意外突然被迫取消時，一定會覺得很難過。為了避免受到突發事件影響，請事先準備幾個不錯的備案。如此一來，即使無法執行原計畫，也不會感到太失落。

重點整理

重要的物品被弄髒時

珍貴的東西被弄髒或毀損時，會覺得很難過吧？請先判斷問題的嚴重性，再思考如何彌補。

這是我最喜歡的包包！

啊！

真央，對不起！

看你做的好事！

蒼汰！

真央非常寶貝這個包包耶！

這是過世的奶奶做給我的包包。

嗚……

 重要的包包被弄髒而感到難過的真央應該怎麼做呢？

處理問題的方法

冷靜評估問題的嚴重性

發生問題之後，先冷靜判斷是否有辦法解決。

放下無法解決的問題

如果明白那是無法處理的事，就放下對它的執著。

思考如何彌補

若是評估問題有辦法解決，就接著思考彌補的方法。

思考彌補的方法

增添附加價值

就算無法百分之百解決問題，也可以透過增添附加價值，讓事情變得更完美。

雖然用水清洗過，但還是看得見汙漬。

這是很重要的東西，我還想繼續使用……

而且蒼汰也不是故意的。

有沒有什麼好方法呢？

只能重新改造了嗎？可是我不想改變原本的大小。

該怎麼辦才好？

包包、衣服、書本等物品被弄髒或毀損時，會覺得非常沮喪吧！此時，可以先冷靜思考彌補的方法，或者向長輩請教意見。萬一所有的辦法都行不通，就只能忍痛放棄了。

不得不自我挑戰時

挑戰自己不擅長的事情時，會感到挫敗吧？請透過設立目標，激發解決困難的動力。

 必須面對不擅長的運動而感到挫敗的理久應該怎麼做呢？

如何克服不擅長的事情

設定小目標

無法達成原先設立的大目標,會加重內心的挫敗感。因此,應該先以能夠做到的小目標來努力。

先以跳過四層跳箱為目標!

透過達成目標產生信心

當你覺得現階段的目標很難達成時,請縮小目標,因為人要成功才會產生自信和動力。

一開始就挑戰四層,可能有點困難,還是先從三層開始吧!

逐漸訂下更大的目標

達成最初設立的目標後,可以試著賦予自己更大的挑戰。只要持續擴大目標,總有一天能成為理想中的模樣。

現在來練習起跳時機吧!

就算沒有成果也不放棄

在嘗試不擅長的事情時,即使成果不如預期,也不要輕易放棄。只要持續挑戰,就可以提高成功的機會。

希望我有一天可以跳過八層跳箱!

蒼汰，謝謝你！我來試試看！

我會努力練習，希望能和蒼汰一樣跳過八層跳箱！

加油！

好！

剛開始別訂下太大的目標，從能力所及的部分著手進行比較能增添信心。如果想要達成的目標很大，可以先把它拆解成幾個容易上手的小目標，再逐步完成，才不會失去挑戰的動力。

重點整理

遭受不實指控時

被別人冠上莫須有的罪名時，會覺得非常委屈吧？請試著透過與他人訴苦，排解心中的鬱悶。

花奈，你說了我的壞話，對吧！

咦？

我沒有啊！

你騙人！由佳說她聽到了！

其他同學也有聽見！花奈，你好過分！

真的不是我說的啦！惠美，請你相信我！

這樣下去沒有人會相信我吧！

面對被人誤會的方法

想起重要的人

被別人誤會時，試著想起那些相信你，並真心替你著想的人，心情自然就能恢復平靜。

尋求他人的協助

獨自消化煩惱可能會感到非常痛苦。這種時候，可以試著找值得信賴的親友聊一聊。

放下無法破除的謠言

只要面對指控能夠心安理得，就算不能破除謠言也沒關係。與其嘗試解決問題，倒不如穩定自身的情緒。

 尋求協助 🐾

責任感或自尊心很強的人往往只想獨自解決問題，不願意向他人尋求幫忙。然而有些情況可能一個人想破頭也想不出完美的解決方法，因此面對難題時，還是要試著請求值得信賴之人的協助喔！

真央願相信我，真是太好了！

你也和蒼汰、理久說說這件事吧！

我跟你們說⋯⋯

我也相信花奈沒有說她的壞話！

我們站在花奈這邊喔！

有你們願意相信我就夠了！

任何人因為莫須有的事情被責罵，都會覺得很委屈。當你遇到這種狀況時，請想想那些真正關心你的朋友，讓自己的心情平靜下來。此外，你也可以和可靠的朋友聊一聊，他們一定能了解你的感受。

重點整理

射門技巧毫無進步時

在運動或學習上的進展不如預期順利時，會覺得很焦躁吧？請試著效法值得學習的榜樣來克服瓶頸。

 一直無法順利射門而感到焦躁的蒼汰應該怎麼做呢？

克服瓶頸的方法

找尋值得學習的榜樣

仔細觀察擅長射門的親朋好友或足球選手的姿勢,並牢記對方踢球的動作。

模仿對方的動作或姿勢

經過觀察之後,請試著揣摩對方的動作或姿勢,透過反覆練習產生自信。

將對方的技巧內化成自身的優點

動作練習得越來越熟練之後,可以嘗試把學來的技巧變得更精進或增添個人特色,慢慢內化成自己的優點。

 身邊的人也能成為榜樣

把兄弟姐妹或好友等人當作學習的榜樣,而不是選擇知名的大人物,比較容易想像自己成功時的樣子。

日本 小迫選手

得分！

好帥！

我想成為那樣的人！

我也想踢出漂亮的射門！

應該是這樣踢球？

姿勢好像有點不一樣……

我要再看仔細一點。

也要觀察他踢球的時機。

這幾天用相同的姿勢反覆練習吧！

「以成功人士為榜樣，再揣摩對方的做法」是克服瓶頸的捷徑。請仔細觀察值得學習的對象並反覆努力練習，直到產生「我也做得到」的自信為止。

重點整理

發現同學說你壞話時

同學在背後對你指指點點時，會感到手足無措吧？請試著和身邊的人聊一聊，藉此找到應對的方法。

消除煩惱的方法

尋求協助

遇到人際問題時，人通常傾向獨自面對，然而適時向親友求助，或許能更快解決煩惱。

我……

請幫幫

花奈，你可以聽我說一件事嗎？

先靜下心來，

好好檢視問題出在哪裡。

把煩惱說出來

與身邊值得信任的人聊聊自己的煩惱，可以消除負面情緒，減輕心裡的負擔。

客觀審視問題

有時候從焦慮的情緒中抽離，客觀審視問題，就能發現先前從未想到的解決方法。

 從經驗中學習

不論發生多麼痛苦的事，只要換個角度思考這個經驗帶給自己什麼啟發，就能讓它成為日後克服困難的墊腳石。

我靠近她們的時候，聽見她們說我很煩人。

這樣啊……當時你有什麼反應？

我馬上就走開了。

那麼接下來你想怎麼做呢？

嗯……如果她們又說我的壞話，我想直接問清楚究竟是怎麼回事！

這個主意很不錯呢！

遇到煩惱時，可以自行解決當然是最好，但如果發現無法獨自克服難題，就必須靈活調整做法，嘗試與身邊的人商量。「面對不同情況，轉換不同心態」是很重要的技能喔！

重點整理

失去親人時

當身邊的親友離世時，會感到十分悲傷吧？請試著回想與對方的美好回憶，用樂觀的態度接受事實。

真央，你一直哭的話，奶奶就無法放心去天堂了呀！

奶奶……

可是，我真的很捨不得奶奶離開啊！

好難過……

憂鬱

 因為奶奶去世而感到悲傷的真央應該怎麼做呢？

72

走出悲傷的方法

回想快樂的記憶

因親友去世而一蹶不振時，只要回想與對方共度的回憶，就能稍微緩和悲傷的情緒。

回想對方留下的事物

回想過世的親人留下的事物，可以幫助轉移注意力，避免深陷在痛苦裡。

學習正面思考

只要想著親人離世不代表他們從生活中消失，而是以另一種方式陪伴在我們身邊，就會產生繼續前進的勇氣。

 把痛苦的經驗化為養分

不論遇到多麼難過的事情，只要從中找到這件事對你的正面意義，就能夠逐漸走出陰霾，並將這次的經驗轉化成下次面對悲傷的養分。

而且常常陪我一起玩。

奶奶非常慈祥。

就算很忙碌，也會耐心聽我說話。

因為奶奶的關係，我變得敢於和長輩打招呼。

像這種時候，奶奶一定可以了解我的悲傷。

你好！

您好！

這是我家真央

我不可以再一直哭下去了！

好！

我一定要努力生活，不要枉費奶奶對我的諄諄教誨！

與重要的人分離固然很難受，但是當你回想起曾經一起留下的美好回憶，就能慢慢將痛苦化為前進的力量。

重點整理

「復原力」名言②

認為自己能做到的人就一定能辦到，
認為自己做不到的人就一定無法成功，
這是一個不容置疑的法則。

He can who thinks he can, and he can't who thinks he can't. This is an inexorable, indisputable law.

——藝術家 巴勃羅·畢卡索
（1881～1973年／西班牙）

　　畢卡索是20世紀最具代表性的天才藝術家。到92歲去世為止，留下了近2,000幅畫作、30,000幅版畫、7,000多幅素描等作品，以「史上最多產的藝術家」身分寫下金氏世界紀錄。

　　畢卡索的畫風多變，概分為「藍色時期」、「粉紅時期」、「立體主義時期」和「晚期」。每個階段的作品都反映畢卡索對當時生活的體悟，例如友人自殺、婚姻觸礁、祖國內戰等。即使處於極度痛苦的狀態，他仍將其轉換成創作的能量，提筆完成一幅又一幅的傑作。

你能說出幾個對自己
感到滿意的地方嗎？

第 **4** 章

肯定自我

每個曾經歷失敗的人想必都體會
過焦慮不安的心情，不過只要肯
定自我，就會產生自信。

只有哥哥被誇獎時

親友只稱讚兄弟姐妹時，心裡會感到不平衡吧？請試著找出自身的優點，並對自己說：「我也很棒！」

伯母，您好！

你好啊！對了，聽說你哥哥在縣立足球比賽中獲勝了？

而且他的功課也很好，對吧？

！

我從來都沒被長輩誇獎過……

垂頭喪氣

 因長輩只誇獎哥哥而感到不平衡的蒼汰應該怎麼做呢？

改善內心不平衡的方法

找到自己的優點

把注意力放在找尋自己的優點，避免一直與其他人比較，就會漸漸產生自信。

我的優點是早起！

精進自己的專長

找到自己擅長的事物後，可以試著全神貫注加以精進，努力成為該領域的佼佼者。

努力挑戰十層跳箱吧！

不吝於稱讚自己

養成在實現目標後稱讚自己的習慣可以增加自信，就算只是微不足道的小事，也值得受到鼓勵。

請教老師之後我就懂了，我真棒！

老師，請教我這題！

認同別人的優點

被誇獎的人通常有特別突出的專長，請坦率的認同對方，並從他身上汲取值得學習的優點。

哥哥真的好厲害！

但我會向老師請教不懂的地方。

老師，請教我這題！

只要一點一點進步就可以了！

考試的分數比之前高就是最好的證明！

好像覺得比較有自信了！未來就按照我的步調繼續努力吧！

遇到他人只稱讚兄弟姐妹時，會突然覺得自己一無是處，不值得人疼愛。這種時候，只要努力挖掘自身的優點，並適時鼓勵自己，就可以增加自信喔！

重點整理

書法寫不好被取笑時

張貼在教室布告欄的作品被大家取笑時，會覺得很丟臉吧？請透過自我激勵來重拾自信。

想像自己想成為的樣子

具體的想像出未來想成為的模樣，自然就會產生動力。

我希望能夠寫出漂亮的書法！

對著鏡中的自己宣示

不斷對著鏡子宣示目標或重複正面的話語，就會覺得自己一定辦得到。

我要得到優勝！

宣布自己的遠大目標

一旦把自己的遠大目標告訴親朋好友，就會因為不想被人看扁而產生努力實踐的動力。

我的目標是得到優勝喔！

和他人分享自己的夢想

告訴大家你想達成的目標有許多好處，例如身邊的親友會為你加油、提供你實踐的方法、在你鬆懈的時候給予鞭策等，有時會讓你獲益良多喔！

千萬別因為一次失敗就感到氣餒，只要重新立定目標，並藉由和身邊的親朋好友分享來鞭策自己不斷進步，總有一天一定會成功。

重點整理

連續幾天遲到時

連續好幾天因睡過頭而遲到，會覺得很苦惱吧？請為早起尋找另一種目標來改善這種情況。

為早起賦予另一種目標

為早起尋找另一種目標，可以強迫自己準時起床，例如參加志工活動或做晨操運動。

> 或做晨操運動。

> 我可以參加志工活動。

用成就感建立自信

當你成功早起之後，就可以用這種成就感建立信心，告訴自己「我每天都做得到」。

> 而且還完成了志工活動！

> 我成功早起了！

用從中獲得的鼓勵維持動力

把達成目標所受到的讚賞當作是一種鼓勵，藉此產生「我想繼續保持」的想法。

> 沒有啦！

> 你很努力呢！

 ### 成功的經驗可以培養自信

根據研究顯示，曾有過成功經驗的人，未來面對挑戰時比較不容易放棄。因此，遇到困難時，請先設定幾個能夠簡單達成的目標，藉此累積自信，進而產生繼續前進的動力。

早起把環境打掃乾淨，讓人覺得神清氣爽呢！

明天我要打掃得更乾淨！

媽，我明天也要早起去當志工！

好啊！

晚安

咦？你要睡了嗎？

嗯！為了明天的活動得早點上床才行！

達成目標最重要的目的是得到成就感，而不是獲得父母或鄰居對你的正面評價。請仔細體會努力實踐後所獲得的滿足感。

重點整理

球隊的氣氛變得很緊張時

連續輸掉比賽時，隊員間會瀰漫一股緊張的氣氛吧？請藉由適時稱讚彼此來提振士氣。

 因隊員產生爭執而感到苦惱的蒼汰應該怎麼做呢？

提振士氣的方法

稱讚彼此

當球隊的氣氛變得很緊張時，可以試著讚美彼此的球技。人一旦被誇獎，心情就會變好，也會在比賽中表現得更努力。

你剛才踢得很好喔！

認同被讚美的自己

當你被其他人稱讚時，請開心的接受，認同自己的優點，將鼓勵化為日後進步的力量。

謝謝！

你很厲害耶！

讚美所有成員

進行團隊比賽時，不只要把焦點放在技術高超的隊員身上，也要適時讚美其他幾位表現不起眼但很努力的夥伴，讓他們感受到自己的存在具有價值。

大家都辛苦了！

 奧運選手也會讚美彼此

許多承受強大壓力的奧運選手會在比賽之前，和隊友找出彼此的優點並加以稱讚，藉此互相激勵。

「讚美」有許多好處,不僅被稱讚的人心情愉悅,誇獎的人也會感到很開心。發生衝突時,可以試著讚美對方的想法或優點來化解緊張的氣氛,逐漸讓雙方達成共識。

重點整理

學習進度落後他人時

當朋友逐漸進步，只有自己還在原地踏步時，會感到挫折吧？請透過肯定自我來建立自信。

新學期進入
游泳進階班

我好像沒辦法游得和她們一樣好，該怎麼辦呢？

大家都已經游到對岸了！

加油！

咦？

無法跟上其他人的進度而感到挫折的花奈應該怎麼做呢？

建立自信的方法

肯定自我

覺得自己不夠好時，可以試著比較過去和現在的成績，如果此時的你已經比之前進步，就大方讚美自己。

我進步了！

這學期從初階班晉級到進階班了！

按照自己的步調努力

別急著一步登天，分段設立目標，並依照自身的步調逐一達成，才能感受到成長的幅度。

步驟1

先以「正確踢水」為目標！

回想過去成功的經驗

遇到挫折的時候，不要與同儕比較，而是回想過去成功的經驗，藉此激勵自己不斷進步。

我之前成功學會在水裡閉氣了。

 把重點放在能夠做到的事情上

當一個人只會十件事裡的其中一件，便常會把注意力都放在無法達成的九件事情上。只要轉換心態，努力把能力所及的部分做到最好，就能夠減少挫敗感。

這麼看來，雖然我學得很慢，但是一直持續在進步！

只要腳踏實地練習，一定可以成功！

總有一天，我要俐落的游到終點！

好，明天也要認真訓練！

「認同自己」可以讓你感受到活在世界上的價值和意義。當腦海中浮現「我真沒用」的想法時，請把注意力轉移到你所擁有的優點，藉此鼓勵自己繼續前進。

重點整理

找不到人生目標時

無法明確說出未來想從事的職業時，會感到迷惘吧？請試著從興趣中找到目標並加以精進。

 找不到人生目標而感到迷惘的理久應該怎麼做呢？

確立人生目標的方法

找到「愛好」

設立人生目標的第一步是先找出自己喜歡且擅長的事情，無論是學科或課外活動都可以。

我喜歡烹飪。

從「愛好」找到目標

找到喜歡的事情之後，接著思考其相對應的職業，例如喜歡烹飪，可以考慮成為廚師或甜點師。

持續精進「愛好」

想在喜歡的領域成為佼佼者，就必須保持幹勁，並持續精進所需的能力。

下次我想學做西班牙燉飯。

 有熱忱才會進步

對某件事物的熱忱能夠培養出精益求精的上進心，只要找到心之所向，並且不停求進步，就能在該領域發光發熱。

熱衷於某件事物時，不僅可以發揮自身的潛力做到最好，而且即使面臨再多困難，還是會為了精益求精而努力克服阻礙。

重點整理

「復原力」名言③

我要扼住命運的咽喉，
決不向它低頭。

I will take fate by the throat;
it will never bend me completely to its will.

──作曲家 路德維希·凡·貝多芬
（1770～1827年／德國）

　　貝多芬與巴哈齊名，都是西洋音樂史上最重要的作曲家之一。貝多芬的人生充滿了苦難，其中讓他最痛苦的莫過於耳聾。據說他自20幾歲開始就有暫時性失聰，約莫40歲便幾乎聽不見。在失去如此重要的器官下，貝多芬曾有尋短的念頭，但他對音樂的熱情支持他勇敢活下去。

　　1824年，也就是貝多芬去世的前三年，他創作出個人代表作《第九號交響曲》。在第四樂章《快樂頌》中，貝多芬利用合唱與獨唱歌頌生命的喜悅，展現出他從絕望的深淵中爬起，不屈不撓對抗病魔的精神。

當你遇到困難時，請對自己說：「總會有辦法解決的！」

第 5 章

樂觀積極

遇到困難時，願意全力以赴解決，而不是用消極的態度面對，就可以大大提升成功的機會喔！

朋友忘記彼此的約定時

期待和朋友一起玩耍，對方卻失約時，會覺得非常失望吧？請換個角度思考，用正面的態度處理問題。

面對被放鴿子的方法

用不同角度思考

每件事情都是一體兩面，有時換個角度思考，原本認為的缺點可能就變成優點了。

隨和 ← 少根筋 真央

每次我遲到，真央都會原諒我。

實際解決問題

與其將情緒發洩在對方身上，倒不如把重點放在解決問題，告訴對方你希望他怎麼做。

可以和真央一起玩。

我希望的是⋯⋯

回想快樂的時光

對朋友感到失望時，可以試著回想與對方共度的愉快回憶，慢慢消除內心的不滿。

好有趣喔！

和真央一起看電影時，我們笑得很開心。

🐾 **用樂觀的態度面對突發狀況** 🐾

人生在世難免會遇到不順心的事情，倘若每次都用負面想法面對問題，不僅讓自己的心情更不好，還有可能波及到周遭無辜的人。只要先冷靜下來，並且換個角度思考，就會發現事情並沒有你所想得那麼嚴重。

明天雖然不能一起玩，

但是也可以改天再約。

不好意思，下次再一起玩嗎？我們可以

其實仔細想一想，這也不是什麼大不了的事情嘛！那就之後再約時間吧！

每個人的生活都很忙碌，忘記與朋友的約會也是情理之中的事情。可是當我們遇到這種情況時，往往會因為覺得煩躁，而把注意力集中在對方的失誤上。其實只要轉換念頭，眼前的缺點說不定就變成優點了呢！

重點整理

團體跳繩入繩失敗時

參與團體跳繩時，因為自己的失誤影響大家，會覺得丟臉又沮喪吧？請試著多練習來克服阻礙。

因連續入繩失敗而感到沮喪的真央應該怎麼做呢？

練習到滿意為止

想克服困難，就必須不斷練習，直到達成自己的標準為止，並且在過程中保持樂觀的態度。

適度擔心

「擔心」並不全然是一件壞事，因為你會為了消除「可能失敗」的焦慮而拚命練習。

自我激勵

一心想著「不論多麼努力都會失敗」，就無法獲得好結果。換句話說，只要告訴自己「這次絕對會成功」，就有機會克服困難。

過度樂觀也不好

你是否曾經有過挑戰某件事前信心滿滿，結果卻慘遭滑鐵盧的經驗呢？有自信是好事，但如果太過頭就會變成自負而掉以輕心。有時候，適度的擔心反而能成為激勵自己努力向上的動力。

一週後

我已經努力練習過了，絕對沒問題的！

真央，加油！

成功了！

恭喜你辦到了！

做得很好喔！

有很多事未必一開始就能做好，但是只要不斷練習，並認同努力過後的自己，就可以面對各式各樣的挑戰。

重點整理

沒有勇氣和別人搭話時

想加入別人的談話卻沒有勇氣時，會覺得有些懊惱吧？
請試著利用自我喊話來提升自信。

 因沒有勇氣和同學搭話而感到懊惱的真央應該怎麼做呢？

和別人搭話的方法

停止自我貶低

假如在嘗試和別人搭話前不看好自己，就會散發出沒自信的氛圍，導致沒有人想靠近你。

反正我會被她們忽略吧！

自我喊話

嘗試加入不熟的團體之前，可以試著對自己信心喊話，例如「我一定辦得到」、「說不定能成為朋友」等。

我一定沒問題的！

想像成功的畫面

當你能夠具體想像出成功和別人交談的畫面時，就會產生信心，並且實際付諸行動。

請讓我加入你們！

 語言擁有神祕的力量

語言的力量很強大，舉例來說，被人稱讚時會高興一整天，遭人責罵時會覺得心情跌落谷底。因此，面對任何挑戰時，應該都要以激勵話語代替自我貶低，才能避免躊躇不前。

只要持續用正面的話語激勵自己，心態自然就會變得樂觀，並且願意積極把內心的想法轉化成實際的行動。因此，日後面對問題時，務必先對自己信心喊話喔！

重點整理

無法跳好運動會團體舞蹈時

當班上只有自己無法跳好運動會團體舞蹈時，會感到很焦慮吧？請試著找出問題，並透過大量練習來克服。

克服焦慮的方法

找出問題

當你做不到某件事而感到焦慮時，可以先試著思考是哪一個環節出了錯，並想一想該如何克服問題。

反覆練習

找到問題出在哪裡後，就開始努力反覆練習，直到自己認為沒問題為止，藉此消除不安的感覺。

準備替代方案

事先準備好替代方案，就可以在失誤時冷靜應對，減少出糗的機會。

 焦慮使人成長

當我們對某件事感到焦慮不安時，反而會更加用心準備來避免出錯，所以我們應該坦然接受這份心情，並努力把事情做到最好。

這種時候……
必須先找出跳不好的原因。
啊！好像是因為我一直跟不上節奏。
慢吞吞
慢吞吞
唉！
我的膝蓋蹲太低了，所以每次站起來都很花時間。
好，我就專注練習這兩個動作吧！

我已經克服節奏問題了!

如果明天突然跟不上節奏,就用招牌動作掩飾失誤。

經過長時間的練習,終於慢慢抓到節奏感了。

我相信明天一定沒問題的!

一、二、三、四

嘿咻 嘿咻

感到焦慮時,只要釐清原因並找出解決方法,就能夠把這份心情轉換成採取行動的力量,激勵自己勇敢克服問題。

重點整理

面臨好友轉學時

非常親近的朋友轉學時，會覺得非常寂寞和傷心吧？請學會釋放悲傷，並勇敢接受離別。

因好友轉學而感到傷心的蒼汰應該怎麼做呢？

接受離別的方法

澈底釋放悲傷

覺得難過時，必須學著釋放情緒，否則可能會積鬱成疾，讓你無法往前邁進。悲傷總有一天會淡去，你的心情也會有撥雲見日的時候。

我好難過喔！

和親友聊一聊

把孤單的情緒告訴別人，藉此整理自身的思緒，心情也會稍微好轉。

沒問題！

你可以聽我說說話嗎？

了解人生有離別也有相遇

每個人多少都會碰上幾次離別，這是我們無法控制的。面對這種情況只能學著接受，並以樂觀的心情期待未來可能會再次相見。

未來說不定還能夠再見面！

再見！

🐾 成為他人支持下去的力量 🐾

雖然好友轉學後，留下來的你會感到寂寞，但是下次其他人遇到類似的情況時，你就能理解對方的心情，並懂得如何陪他度過最煎熬的時光。

122

雖然很痛苦，但我還是得接受理久轉學的事實。

謝謝你聽我訴苦，我的心情稍微好一點了……

如果你願意，隨時都可以和我談談喔！

謝謝你！我也會試著打電話或寫信給理久，和他保持聯繫。

無論是與重要的親友分隔兩地，還是經歷生離死別的痛苦，都必須藉由釋放負面情緒來整理心情。走過悲傷，會讓自己的心變得更強壯。

重點整理

「感謝別人」能讓你變得正面積極

當別人向你伸出援手時,你會和對方表示謝意嗎?不吝於表達感謝的人,比較能夠保持正面的情緒喔!

●說「謝謝」

適當的表達感謝,不僅會使對方感到開心,道謝的人心情也會變好。因此,下次受到別人的幫助時,請記得說聲「謝謝」。

花奈,謝謝你借我鉛筆!

●只要多練習就能勇敢說出口

如果覺得面對面和對方道謝很難為情,可以試著把鏡子當作練習的對象。多嘗試幾次,之後就能自然的說出口了。

對著鏡子練習就不會覺得難為情了。

謝謝。

謝謝。

當你跟別人說「謝謝」時,有什麼感覺呢?

★ 感謝別人的幫助

（例）謝謝你幫我搬重物。

★ 感謝別人的陪伴

（例）謝謝你在午休時間陪我一起聊卡通。

★ 感謝別人的付出

（例）謝謝你今天為我煮了一頓可口的飯菜。

當你向別人道謝時，對方收到心意並感到開心的情緒會像一面鏡子反射到你的身上，讓你的心情也跟著受到感染。換句話說，懂得心存感激的人便能體會到更多幸福的感覺。

結語

當你的手指受了點小傷時，只要擦擦藥膏，貼上OK蹦，通常幾天後就會自然痊癒，因為人的身體具有自我療癒的能力。

心也是一樣的，就算犯了嚴重的失誤而感到懊惱或沮喪，也能透過時間流逝、到異地散心、與親友訴苦等方式恢復活力，因為每個人在面對困境時，內心都具備自我療傷的「復原力」。

近幾年來，世界各地接連發生重大災難，例如日本311大地震、福島核災、加州大火、肯亞蝗災、孟加拉水患等，這些事故造成的損害難以估計，甚至奪走許多條生命。然而就算面對如此嚴峻的考驗，受災戶仍然努力讓生活重回正軌，從痛苦的深淵振作起來。相信這種時候，「復原力」一定對他們發揮了非常大的作用，如果「復原

力」素質不夠高，是很難走出陰霾的。

「復原力」可以透過後天培養

我除了在大學任教之外，也是一名輔導老師，負責與內心有煩惱的孩子溝通，並盡力幫助他們解決問題。我從中獲得的體悟是「復原力是可以培養的，而且只要掌握技巧，甚至能夠大幅提升」。

本書詳細說明了提高復原力所需的四大要素，下次當你遇到痛苦的事情時，請試著回想每個要素的重點並實際操作，藉此幫助自己重新振作。

希望在你仔細閱讀這本書之後，可以讓內心的復原力逐漸增強，勇於面對未來生活中的所有挑戰。

—— 小玉正博

國家圖書館出版品預行編目 (CIP) 資料

小學生的煩惱. 2, 如何從低潮重新振作？／
小玉正博監修；Kiriko 漫畫；吳嘉芳翻譯.
-- 初版. -- 新北市：小熊出版：遠足文化事
業股份有限公司發行, 2022.07
128 面；14.8×21 公分. --（廣泛閱讀）
ISBN 978-626-7140-14-7（平裝）

1.CST: 生活教育　2.CST: 情緒管理

528.33　　　　　　　　　　111006615

廣泛閱讀

小學生的煩惱 ❷：如何從低潮重新振作？

監修：小玉正博（埼玉學園大學研究所教授）｜漫畫：Kiriko｜翻譯：吳嘉芳
裝訂、設計、排版：Nishi 工藝股份有限公司（岩間佐和子）
編輯：Nishi 工藝股份有限公司（佐佐木裕、佐藤千鶴子、名村菜依子）
人物插圖（獅子 Heart）：Canna Evans

總編輯：鄭如瑤｜主編：陳玉娥｜編輯：張雅惠｜美術編輯：莊芯媚｜行銷副理：塗幸儀

社長：郭重興｜發行人兼出版總監：曾大福
業務平臺總經理：李雪麗｜業務平臺副總經理：李復民
實體業務協理：林詩富｜特販業務協理：陳綺瑩｜海外業務協理：張鑫峰
印務協理：江域平｜印務主任：李孟儒
出版與發行：小熊出版・遠足文化事業股份有限公司
地址：231 新北市新店區民權路 108-3 號 6 樓｜電話：02-22181417｜傳真：02-86672166
劃撥帳號：19504465｜戶名：遠足文化事業股份有限公司
客服專線：0800-221029｜客服信箱：service@bookrep.com.tw
Facebook：小熊出版｜E-mail：littlebear@bookrep.com.tw
讀書共和國出版集團網路書店：http://www.bookrep.com.tw
團體訂購請洽業務部：02-22181417 分機 1132、1520

法律顧問：華洋法律事務所／蘇文生律師｜印製：凱林彩印股份有限公司
初版一刷：2022 年 7 月｜定價：350 元｜ISBN：978-626-7140-14-7

版權所有・翻印必究　缺頁或破損請寄回更換
特別聲明　有關本書中的言論內容，不代表本公司／出版集團之立場與意見，文責由作者
自行承擔

PINCH WO KAIKETSU! 10SAIKARA NO LIFE SKILL ⑥
ORENAI KOKORO SHINAYAKANA KOKORO WO TSUKURU（RESILIENCE）
Supervised by Masahiro Kodama. Copyright © Masahiro Kodama, 2019. All rights reserved.
Original Japanese edition published by GODO-SHUPPAN Co., Ltd.

Traditional Chinese translation copyright © 2022 by Walkers Cultural
Co., Ltd. / Little Bear Books.This Traditional Chinese edition
published by arrangement with GODO-SHUPPAN Co., Ltd., Tokyo,
through HonnoKizuna, Inc., Tokyo, and Future View Technology Ltd.

小熊出版官方網頁　　小熊出版讀者回函